BEI GRIN MACHT SICH IHR WISSEN BEZAHLT

Maiken Wagner

Vorgesetztenbeurteilung - Ziele, Nutzen und Ablauf

GRIN Verlag

Bibliografische Information der Deutschen Nationalbibliothek:

Die Deutsche Bibliothek verzeichnet diese Publikation in der Deutschen National-
bibliografie; detaillierte bibliografische Daten sind im Internet über http://dnb.d-
nb.de/ abrufbar.

Impressum:

Copyright © 2011 GRIN Verlag GmbH
Druck und Bindung: Books on Demand GmbH, Norderstedt Germany
ISBN: 978-3-656-15867-7

Dieses Buch bei GRIN:

http://www.grin.com/de/e-book/191012/vorgesetztenbeurteilung-ziele-nutzen-und-
ablauf

GRIN - Your knowledge has value

Der GRIN Verlag publiziert seit 1998 wissenschaftliche Arbeiten von Studenten, Hochschullehrern und anderen Akademikern als eBook und gedrucktes Buch. Die Verlagswebsite www.grin.com ist die ideale Plattform zur Veröffentlichung von Hausarbeiten, Abschlussarbeiten, wissenschaftlichen Aufsätzen, Dissertationen und Fachbüchern.

Besuchen Sie uns im Internet:

http://www.grin.com/

http://www.facebook.com/grincom

http://www.twitter.com/grin_com

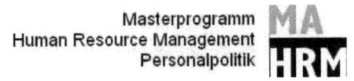

Masterprogramm
Human Resource Management
Personalpolitik

Verschriftlichung des Referates

vom: 19.11.2010:

"Vorgesetztenbeurteilung"

Referentin Maiken Wagner

Abgabe: 31.03.2011

Kurs: Personalbeurteilung

Wintersemester 2010/11

Inhaltsverzeichnis

Inhaltsverzeichnis		i
Abbildungsverzeichnis		ii
Tabellenverzeichnis		ii
1.	Einleitung und methodisches Vorgehen	1
2.	Vorgesetztenbeurteilung	1
	2.1 Definition	1
	2.2 Ziele und Nutzen der Vorgesetztenbeurteilung	1
	2.2.1 Für den Vorgesetzten	2
	2.2.2 Für die Mitarbeiter	2
	2.2.3 Für das Unternehmen	3
	2.2.4 Für die Personalentwicklung	3
	2.3 Verfahren der Vorgesetztenbeurteilung	3
	2.3.1 Indirekte Vorgesetztenbeurteilung	4
	2.3.2 Direkte Vorgesetztenbeurteilung	5
	2.4 Ablauf	6
	2.4.1 Planungsphase	6
	2.4.2 Durchführungsphase	7
	2.4.3 Umsetzungsphase	7
	2.5 Mögliche Nachteile	7
	2.5.1 Widerstand durch Vorgesetzte	7
	2.5.2 Widerstand der Mitarbeiter	8
	2.5.3 Widerstand der Personalabteilung / des Topmanagements	9
	2.6 Grundsätze und Voraussetzungen	9
3.	Kritik und Ausblick	10

Anhang

A1   Wichtige Führungseigenschaften   A

A2   Gründe für den Einsatz einer Vorgesetztenbeurteilung   B

A3   Ziele und Funktionen der Vorgesetztenbeurteilung   C

A4   Aufteilung der Funktionen der Vorgesetztenbeurteilung   D

A5   Johari-Fenster   E

A6   Beispiel eines Multiple-Choice-Fragebogens   F

A7   Vergleich: Selbst- und Fremdeinschätzung   G

A8   Fragebogen FVVB - Testbeispiel   H

A9   Auszug aus dem FVVB-Fragebogen   I

A10   Radar-Diagramm   J

A11   Das Modell der 360°-Beurteilung   K

A12   Ablauf der VGB   L

A13   Mitbestimmungsrechte des Betriebsrats   M

Abbildungsverzeichnis

Abbildung 1   Wichtige Führungseigenschaften   A

Abbildung 2   Gründe für die Einführung der Vorgesetztenbeurteilung   B

Abbildung 3   Johari-Fenster   E

Abbildung 4   Vergleich: Selbst- und Fremdeinschätzung   G

Abbildung 5   Radar-Diagramm   J

Abbildung 6   Das Modell der 360°-Beurteilung   K

Abbildung 7   Ablauf der VGB   L

Tabellenverzeichnis

Tabelle 1   Ziele und Funktionen der Vorgesetztenbeurteilung   C

Tabelle 2   Aufteilung der Funktionen der Vorgesetztenbeurteilung   D

Tabelle 3   Beispiel eines Multiple-Choice-Fragebogens   F

Tabelle 4   Fragebogen FVVB - Testbeispiel   H

Tabelle 5   Auszug aus dem FVVB-Fragebogen   I

Es gilt das aktuelle Abkürzungsverzeichnis des Duden.

1.　　Einleitung und methodisches Vorgehen

Die derzeitige Entwicklung des Führungsverständnisses stellt Vorgesetzte zunehmend vor die Aufgabe, ihre Mitarbeiter, Teams und Abteilungen beratend und motivierend zur Seite zu stehen. Statt zu kontrollieren, agieren sie unterstützend als Moderator bzw. Coach. Mit dem modernen Verständnis von Führung als interaktiven Prozess gewinnen Personaleinschätzungsverfahren wie der Vorgesetztenbeurteilung i.b.s. an Bedeutung und werden zunehmend in mittelständischen und Großunternehmen eingesetzt. Inwiefern die Vorgesetztenbeurteilung als systematisches Einschätzungsverfahren dazu verhilft, die Qualität partizipativer Führung und der Zusammenarbeit zwischen Vorgesetzten und Mitarbeitern zu verbessern ist Gegenstand dieser Ausarbeitung. (Nerdinger 2001, S. 108; Voltz 1998, S. 9 f.; Weider 1995, S. 159; Reinecke 1983, S. 1 u. 227). So stellt sich die Frage nach den Chancen und Risiken, die die Implementierung von Vorgesetztenbeur-teilung mit sich bringt und welche Voraussetzungen zu erfüllen sind, damit sie erfolgsversprechend durchgeführt werden kann. Nach einer kurzen Einführung in die Grundlagen der Vorgesetztenbeurteilung hinsichtlich Begriffsbestimmung, Zielen und Nutzen werden im Abschnitt 2.3 exemplarisch einige Verfahren vorgestellt und der Ablauf skizzenhaft dargestellt. Im letzten Abschnitt werden mögliche Problemfelder der Beteiligten behandelt und Grundsätze für einen reibungslosen Ablauf aufgezeigt.

2.　　Vorgesetztenbeurteilung

2.1　　Definition

Die Vorgesetztenbeurteilung stellt ein personalwirtschaftliches Instrument zur Bewertung der Leistung, des Potenzials und des Führungsverhaltens[1] von Vorgesetzten durch ihre Mitarbeiter dar. Die Einschätzung erfolgt mithilfe eines systematisierten und standardisierten Vorgehens mit dem Ziel, die Zusammenarbeit zwischen Vorgesetzten und Mitarbeitern konstruktiv, partnerschaftlich zu gestalten und erfolgsführend zu optimieren. (Krismer 2006, S. 159; Nerdinger 2001; Voltz 1998, S. 9 f.; S. 108; Reinecke 1983, S. 1 u. 227) Dies soll durch den freien Meinungsaustausch über die Wahrnehmung der Führungskraft und Äußerung von Änderungs-wünschen erreicht werden. Sinnvollerweise wird die Beurteilung durch die Selbsteinschätzung der zu bewertenden Führungsperson ergänzt und ihre Ergebnisse miteinander verglichen. Die Vorgesetztenbeur-teilung ist in die gesamte Unternehmenskultur eingebunden und wird vermehrt im Rahmen der Personalent-wicklung zur Sensibilisierung der Selbst- und Fremdwahrnehmung eingesetzt und dient somit der partizipativen Führung und Zusammenarbeit. (Ladwig; Domsch 2003, S. 502 f.; Voltz 1998, S. 19; Jöns 1998, S. 287-290; Weider 1995, S. 159)

2.2　　Ziele und Nutzen der Vorgesetztenbeurteilung

Unternehmen verfolgen unterschiedliche Ziele[2] mit dem Einsatz einer Vorgesetztenbeurteilung. Vorwiegend verwenden sie das Beurteilungsverfahren, um eine qualifiziertere Führung und besserer Arbeitstechniken zu erreichen und die Zusammenarbeit und Feedbackkultur zu fördern. Die Selbsteinschätzung der Führungskräfte ergänzend, wird die Umsetzung der Führungsgrundsätze anhand der Führungsstile durch die Mitarbeiter überprüft, entsprechende Maßnahmen mithilfe der analysierten Weiterbildungsbedarfe abgeleitet und anschließend ihre Umsetzung und Wirkung zu bestimmten wiederkehrenden Zeitpunkten kontrolliert. Fokussierte Themen sind dabei z.B. Kooperation, Information und Motivation der Mitarbeiter, Durchsetzungsvermögen, Sensibilität, Vertrauen und soziale Kompetenz.

---

[1] Zu den Eigenschaften des Führungsverhaltens siehe Anhang A1, S. A.
[2] Zu den Zielen der Vorgesetztenbeurteilung und den Gründen für ihren Einsatz siehe im Anhang A2, S. B.

Im Wesentlichen basiert das Beurteilungsverfahren auf dem Dialog über die Führungsarbeit, die es durch angstfreie Meinungsäußerung und mehr Transparenz zu verbessern gilt. Denn Führungsprobleme basieren v.a. auf Kommunikationsproblemen, deren Konsequenz in mangelnder Motivations- und Leistungsbereitschaft sowie in Teamkonflikten sichtbar wird. Der Vorgesetzte erhält durch die Beurteilung die Chance, sein Handeln besser reflektieren zu können und durch Gespräche mit den Mitarbeitern, Kollegen und Vorgesetzten größere Akzeptanz zu erfahren. Somit bietet die offene Kommunikation eine gute Möglichkeit, Konflikte frühzeitig zu erkennen und zu beseitigen. Sie unterstützt die Mitarbeiter, sich leichter mit dem Vorgesetzten und dem Unternehmen identifizieren zu können und schafft somit ein positives Arbeitsklima. Folglich werden die Mitarbeiter motiviert, bessere Arbeit zu leisten. Werden in den Gesprächen Vereinbarungen über die weitere Zusammenarbeit getroffen, dient die Vorgesetztenbeurteilung ebenfalls der Personal- und Teamentwicklung. Letztendlich sind es die Mitarbeiter, die zum Unternehmenserfolg beitragen, daher sollte Kontrolle nicht der Anlass für den Einsatz dieser Maßnahme sein. (Krismer 2006, S. 160; Ladwig; Domsch 2003, S. 503 f.; Nerdinger 2001, S. 101 u. 108 f., Fecher 1995, S. 17; Weider 1995, S. 160°f.; Voltz 2003 [html]; Voltz 1998, S.°10 ff. und 46 f.; Domsch 1992, S. 257 f. u. 281) Für die Beteiligten bietet die Vorgesetztenbeurteilung unterschiedliche Funktionen[3], die im Folgenden behandelt werden.

2.2.1 Für den Vorgesetzten

Die Führungskraft erhält durch die Vorgesetztenbeurteilung die Chance, darüber informiert zu werden, wie seine Mitarbeiter die Ausführung seiner Führungsaufgaben und sein Verhalten ihnen gegenüber und dessen Auswirkung wahrnehmen. Darüber hinaus bieten die anschließenden Feedback-Gespräche die Möglichkeit, den analysierten Veränderungsbedarf konkret zu erörtern und die Ergebnisse von Fremdbeurteilung und Selbsteinschätzung abzugleichen. Zum einen wird der Vorgesetzte durch die Auseinandersetzung mit den eigenen Stärken und Schwächen gefördert, seine Fähigkeiten realistischer einzuschätzen. Demzufolge kann er mithilfe der Mitarbeiteraussagen den Bereich des sogenannten „Blinden Flecks"[4], d.h. die Verhaltensweisen, die er unbewusst tätigt, verkleinern und sich somit weiterentwickeln. Zum anderen trägt die Vorgesetztenbeurteilung zur Verbesserung der interpersonalen Wahrnehmung bei. In den Gesprächen mit den eigenen direkten Vorgesetzten und der Personalleitung werden entsprechende Personalentwicklungsmaßnahmen abgeleitet und Vereinbarungen darüber getroffen, wann und wie die Umsetzung der besprochenen Entwicklungsziele kontrolliert wird. Zusammenfassend bietet die Vorgesetztenbeurteilung die Basis für eine verbesserte Führungsarbeit und damit für eine gute und effektive Zusammenarbeit. (Regnet 2007, S. 97; Jung 2006, S. 1006; Krismer 2006, S. 159; Nerdinger 2005, S. 101; Kall 2000, S. 172; Voltz 2003 [html]; Voltz 1998, S. 11; Steinhoff 1995, S. 10; Jöns 1995, S. 43 ff.; Reinecke 1983, S. 49; May/Kullmann 2009, S. 196 f.)

2.2.2 Für die Mitarbeiter

Durch den angestoßenen Dialog über die Führungsarbeit soll sich die Arbeitszufriedenheit erhöhen und durch verstärkte Einbindung den Mitarbeiter motivieren, bessere Leistung zu erbringen. Infolgedessen trägt die Vorgesetztenbeurteilung zur Teamentwicklung bei. Das Beurteilungsinstrument verhilft dem Mitarbeiter, verstärkten Einfluss auf für ihn relevante Entscheidungen zu nehmen und damit Verantwortung hinsichtlich der Vorgesetzten/Mitarbeiter-Beziehung zu übernehmen. Auch wenn der Mitarbeiter durch die Vorgesetztenbeurteilung die Möglichkeit erhält, das Verhalten seines Vorgesetzten zu beeinflussen, sollten die Ergebnisse der

---

[3] Zu den Funktionen der Vorgesetztenbeurteilung siehe Anhang A3, S. C und A4, S. D.
[4] Zum „Blinden Fleck" siehe das Modell des Johari-Fenster von Luft und Inham 1995, z.B. in: May; Kullmann 2009, S. 196-200 und im Anhang A5, S. E.

Beurteilung – wie die Führungsarbeit selbst – beidseitig verstanden werden. Denn nicht zuletzt bildet die Einschätzung auch das Verhalten des Mitarbeiters ab. (Nerdinger 2005, S. 101; Steinhoff 1995, S. 10; Voltz 2003 [html]; Voltz 1998, S. 11 f.)

2.2.3 Für das Unternehmen

Die Vorgesetztenbeurteilung hat nicht nur die Aufgabe, die Qualität der Führungs- und Arbeitsstile durch die Bewertung zu verbessern, sie beteiligt die Mitarbeiter aktiv an der Gestaltung der Führungsbeziehung und zielt damit auf eine verbesserte Leistungsfunktion ab, die im Endergebnis sich positiv auf die Unternehmenseffektivität auswirkt. (Nerdinger 2005, S. 101; Domsch; Ladwig 1995, S. 24; Nerdinger 2001, S. 108; Klimecki; Gmür 2005, S. 269)

2.2.4 Für die Personalentwicklung

Im Sinne der Personalentwicklung stellt die Vorgesetztenbeurteilung zum einen ein Kontrollinstrument zur Prüfung der Umsetzung der zugrunde liegenden Führungsleitlinien dar, zum anderen können durch den Vergleich der Ergebnisse aller Führungskräfte allgemein gültige Führungstendenzen herausgearbeitet werden. Mit Blick auf die formulierten Entwicklungsziele für das gesamte Unternehmen können so neben individueller auch kollektive Personalentwicklungsmaßnahmen durchgeführt werden. Darüber hinaus wird die Vorgesetztenbeurteilung für die Personalauswahl genutzt, indem bspw. von der Leistung eines Teamleiters auf sein generelles Führungspotenzial geschlossen wird. Für den nachhaltigen Erfolg der durchgeführten Entwicklungsmaßnahmen ist eine regelmäßige Wiederholung der Beurteilung mit entsprechenden Maßnahmen angebracht. (Nerdinger 2005, S. 101; Steinhoff 1995, S. 10; Voltz 1998, S. 12 f.; Domsch; Ladwig 1995, S. 24)

2.3 Verfahren der Vorgesetztenbeurteilung

Vorgesetztenbeurteilungen können in verschiedenen Arten durchgeführt werden. Eine Variante ist die Einschätzung mittels Fragebögen. Diesbezüglich werden am häufigsten anonyme Befragungen durchgeführt, die aussagekräftige Antworten erzielen, weil vermieden wird, dass die Mitarbeiter in ihrer Urteilsvergabe durch andere Personen beeinflusst werden. Besteht ein großes Vertrauensverhältnis, können diese auch gemeinsam mit Kollegen und Vorgesetzten ausgefüllt werden. Die Fragebögen können sich u.a. hinsichtlich Struktur und inhaltlichen Dimensionen unterscheiden. Eine Möglichkeit ist die Verwendung standardisierter Fragebögen z.B. durch vorgegebene Multiple-Choice-Aussagen[5], die einerseits eine leichtere Vergleichbarkeit der einzelnen Bewertungen einer bestimmten Führungskraft (Individualanalyse) ermöglichen bzw. Quervergleiche mit anderen Führungskräften abbilden (Klimaanalyse) und andererseits Entwicklungen über einen Zeitraum hinweg konkreter verdeutlichen können. Zudem sind folglich die Ergebnisse weniger auf einzelne subjektive Aussagen begrenzt. Hinzu kommt, ihre einfache und zeitökonomische Handhabung. Eine weitere Möglichkeit sind Fragestellungen mit freien Antwortmöglichkeiten, die den Vorteil haben, umfassende Antworten zu generieren. Allerdings ist zu beachten, dass diese sowohl in der Anwendung als auch in der Auswertung und hinsichtlich Vergleichsabsichten wesentlich aufwendiger sind. Die Autorin erachtet an dieser Stelle den Einsatz beider Varianten in Kombination als vorteilhaft. Die inhaltlichen Beurteilungskriterien, wie z.B. Leistungen, Verhalten und Entwicklungspotenziale, sollten sinnvollerweise auf das Unternehmen, d.h. die Unternehmenskultur und Führungsleitlinien berücksichtigend, zugeschnitten werden. (Nerdinger 2001, S.109; Jöns 1995, S.°42°f.)

---

[5] Zum Multiple-Choice-Fragebogen siehe Anhang A6, S. F.

Das persönliche Gespräch zwischen Vorgesetzten und Mitarbeitern ist die bekannteste Form der Vorgesetztenbeurteilung. Anzumerken ist, dass bei diesem Verfahren unsystematisch vorgegangen wird und eine offene Gesprächskultur benötigt wird, damit sie ehrliche Kritik und Verbesserungsvorschläge hervorbringt. Der Dialog über die Führungsarbeit kann in Gruppen bzw. nach dem „Vier-Augen-Prinzip" erfolgen. Diesbezüglich bietet sich v.a. in der Einführungsphase die Hinzuziehung eines externen Moderators an. Des Weiteren können gezielte Beurteilungsrunden anberaumt werden, in denen z.b. ein Team oder eine Abteilung den direkten oder indirekten Vorgesetzten beurteilt. Eine umfassende Beurteilung von Führungskräften liefert das 360°-Feedback, das eine Rundumbetrachtung darstellt. Die Erhebung und Auswertung der einzelnen Formen kann jeweils in- oder extern geschehen. Die Entscheidung hierfür wird überwiegend nach Kostengesichtspunkten und dem Vorhandensein des notwendigen Fachwissens getroffen. Teilweise werden vorab Workshops oder Pilotprojekte zur Vorbereitung der Beteiligten auf die Durchführung der anstehenden Beurteilung veranstaltet. Während es in der direkten Beurteilung ausschließlich um die Bewertung der direkten Führungskraft geht, stellt die indirekte Bewertung lediglich einen Teilaspekt neben weiteren Befragungsbereichen in einer Mitarbeiterbefragung oder im Rahmen eines Teamentwicklungstrainings dar und folglich eher der Einschätzung der Leistung und des Verhaltens von Unternehmensbereichen bzw. des Gesamtunternehmens, für deren Gestaltung und Entwicklung das gesamte Management verantwortlich ist. Diese werden in Unternehmen tendenziell mit der Unterstützung durch einen externen Moderator durchgeführt. (Regnet 2007, S. 97; Nerdinger 2001, S. 109; Edwards; Ewen 2000, S. 135 f.; Müller et al. 2007, S. 6 f.)

Die beiden wesentlichen Verfahren der Vorgesetztenbeurteilung werden nachstehend verdeutlicht, wobei die 360°-Beurteilung als Sonderform der direkten Vorgesetztenbeurteilung in Kürze betrachtet wird.

2.3.1 Indirekte Vorgesetztenbeurteilung

Die indirekte Vorgesetztenbeurteilung ist ein Bestandteil von Mitarbeiterbefragungen zu verschiedenen Themen oder Bereichen, wie z.B. zur Arbeitszufriedenheit oder zur Personalentwicklung. Hierzu gehören z.B. die weit verbreitete „Traditionelle Mitarbeiterbefragung" und das „Image-Profil", bei der keine direkte Beurteilung von Führungskräften stattfindet, vielmehr der Gesamteindruck beleuchtet wird. So werden Bereiche mit mehreren Vorgesetzten, Abteilungen oder gar das ganze Unternehmen zu Themenbereichen wie Arbeitsplatz und Arbeitssituation, Kooperation oder Führung bewertet. Während die Mitarbeiterbefragung meist standardisierte Fragebögen verwendet, wird die Einschätzung beim „Image-Profil" i.d.R. durch anonyme Befragung in schriftlicher Form oder im Rahmen von Fortbildungsveranstaltungen oder Mitarbeiterversammlungen vorgenommen. (Ladwig; Domsch 2003, S. 507; Domsch; Schneble 1992, S. 8 f.)

Zu beachten ist, dass bei jeder Vorgesetztenbeurteilung eine losgelöste Betrachtung der Führungsarbeit aufgrund der vielen Einflüsse, die auf Leistung, Verhalten und Potenzial einer Führungskraft wirken, willkürlich ist. Um diesem Problem zu begegnen, sollten bestimmte Aussagen mittels Ankreuzen durch Beispiele untermauert werden. So ist es ebenfalls sinnvoll, die Itemliste offen anzulegen. Neben der Bewertung durch die Mitarbeiter ist es angebracht, eine zeitnahe Selbsteinschätzung durch den Vorgesetzten durchführen zu lassen und deren Ergebnisse anschließend gegenüberzustellen.[6] Hinsichtlich der Ergebnisanalyse wird das „Image-Profil" anhand der Mittelwerte ermittelt. Es können ebenfalls Aussagen über die jeweilige Verteilung, Standardabweichung etc. getroffen werden. Der Einsatz von Fragebögen sollte als Basis für anschließende

---

[6] Zum Vergleich einer Selbst- und einer Fremdeinschätzung, siehe Anhang, A7, S. G.

Feedbackgespräche betrachtet werden und nicht isoliert. Ihre alleinige Verwendung ist nach Nachreiner (1978) nicht empfehlenswert. (Müller et al. 2007, S. 6 f; Krismer 2006, S.°159; Regnet 2007, S. 100 f.; Domsch; Schneble 1992, S. 8 f.; Ladwig; Domsch 2003, S. 507; Domsch o.D.; Download: 2001.12.22.)

2.3.2 Direkte Vorgesetztenbeurteilung

Bei einer direkten Vorgesetztenbeurteilung wird der direkte Vorgesetzte durch den Mitarbeiter eingeschätzt. Die Einschätzung mittels Fragebögen wurde schon frühzeitig eingesetzt. Einer der ersten Fragebögen zur Beurteilung des Führungsverhaltens durch die Mitarbeiter ist der Fragebogen zur Vorgesetzten-Verhaltens-Beschreibung (FVVB) von Fittkau/Fittkau-Garthe (1971). Mit seiner Hilfe wird ein „Verhaltens-Profil"[7] anhand von 32 Fragen[8] hinsichtlich Mitarbeiterorientierung und Aufgabenorientierung analysiert. Der heutzutage stark kritisierte und dennoch häufig eingesetzte Fragebogen erfasst die wesentlichen Verhaltensweisen anhand der folgenden fünf Faktoren, denen jeweils verschiedene Fragestellungen zugeordnet werden:

Hinsichtlich der Mitarbeiterorientierung:

- Freundliche Zuwendung / Respektierung, (F) (12 Fragen)
- Stimulierende Aktivität, (A) (7 Fragen)
- Freundliche Zuwendung und Aktivität. (F/A)[9] (4 Fragen)

Hinsichtlich der Aufgabenorientierung:

- Ermöglichung von Mitbestimmung und Beteiligung, (M) (4 Fragen)
- Kontrolle versus Laissez Faire (K) (5 Fragen)

Anhand dieser Dimensionen bewerten die Mitarbeiter die Umsetzung der Leitlinien zur Führung und Zusammenarbeit ihres Vorgesetzten auf einer Beurteilungsskala. Die Interpretation der Ergebnisse erweist sich jedoch aufgrund diesbezüglich fehlender Aussagen als schwierig, wenn nicht klare Bewertungsabsprachen getroffen werden, die zu einer einheitlichen Bewertungsmethodik führt. Denn ab wann ein Ergebnis kritisch oder positiv zu befinden ist, kann individuell empfunden, die Aussagekraft beeinträchtigen. Zudem ist zu beachten, dass die Aussagen keine allgemeine Gültigkeit erlangen, weil die jeweilige Gesamtsituation zu berücksichtigen ist. (Jöns 1995, S. 38, Neuberger 1995, S. 116-124; Fittkau-Garthe; Fittkau 1971, S. 284 ff).

Während im „Verhaltens-Profil" eine vergleichende Analyse des Führungsverhaltens angestrebt wird, zielt nach Domsch (1992) das workshoporientierte Verfahren „Radar-Diagramm"[10] primär darauf ab, einen Prozess zwischen Vorgesetzten und Mitarbeiter anzutreiben. Diese Form der Vorgesetztenbeurteilung beinhaltet eine aggregierte Betrachtungsweise. Der zeitökonomische „Radarschirm" hebt speziell die kritischen Punkte hervor. Es werden nicht einzelne Verhaltensweisen bewertet, sondern ganze Verhaltensbereiche, die z.B. in den Leitsätzen zur Führung und Zusammenarbeit zu finden sind. Dabei erweist sich dieses noch wenig systematische jedoch sehr flexible Verfahren als eine sehr anschauliche Methode, die in der Praxis häufig Anwendung findet. So beurteilen die Mitarbeiter zu Beginn eines Workshops das Verhalten des Vorgesetzten, indem sie Punkte an die Skalen des Diagramms kleben. Dies kann verdeckt oder offen geschehen. Der Erhebungs- und Diskussionsprozess sollte mit einem Moderator und zunächst ohne den betroffenen Vorgesetzten durchgeführt werden, der später zum weiteren Gespräch dazugeholt wird.

---

[7] Zum Verhaltensprofil siehe die Vorgesetzten-Verhaltens-Beschreibung Fittkau-Garthe; Fittkau (1971) und Anhang A8, S. H.
[8] Zum Fragebogen FVVB siehe einen Auszug im Anhang A9, S. I.
[9] Der dritte Faktor „Freundliche Zuwendung und Aktivität" ist ein Mix aus den vorangegangen Faktoren.
[10] Zum „Radar-Diagramm" von Ladwig; Domsch (2003) siehe Anhang, A10, S. J.

Sinnvoll erscheint die Erstellung einer Selbsteinschätzung durch den Vorgesetzten, indem er den Fragebogen des „Verhaltensprofils" oder das Radar-Diagramm nutzt. I.d.R. folgen informative Diskussionen, deren Ergebnisse zur Vorbereitung von Mitarbeitergesprächen oder einer Teamentwicklung genutzt werden können bzw. zur Verbesserung der Zusammenarbeit zwischen den Beteiligten verhelfen. (Regnet 2007, S. 99; Ladwig; Domsch 2003, S. 505ᶠᶠ.; Nerdinger 2001, S. 111 ff., Nerdinger 2005, S. 108; Domsch 1992, S. 269)

Als Sonderform der direkten Beurteilung gilt die 360°-Methode[11]. Sie stellt eine Weiterentwicklung der Vorgesetztenbeurteilung (180°-Beurteilung) dar. Die Führungsperson wird neben den eigenen direkten Mitarbeitern durch weitere Mitgliedergruppen beurteilt. Hierzu zählen einerseits Vorgesetzte und Kollegen (interne Mitglieder) andererseits können ebenfalls externe Personengruppen, wie Kunden und Lieferanten herangezogen werden. Diese umfassende Rundumbetrachtung zielt durch die Einbeziehung verschiedener Personengruppen auf eine höhere Reliabilität im Vergleich zu der reinen Vorgesetztenbeurteilung ab. Aufgrund des großen personellen, organisatorischen, zeitlichen und finanziellen Aufwands wird sie jedoch eher selten durchgeführt. (Bahners 2005, S. 4 f.; Neuberger 2000, S. 36; Weider 1995; S. 159 ff.)

2.4 Ablauf

Eine Vorgesetztenbeurteilung besteht nicht nur aus dem Beurteilungsakt, sondern ist ein Prozess[12], der sich aus den Teilelementen Planung, Durchführung und Umsetzung zusammensetzt. Die Beurteilung findet regelmäßig in einem jährlichen oder zweijährigen Turnus statt.

2.4.1 Planungsphase

Im ersten Schritt geht es zunächst um eine Standortanalyse. Mithilfe festgelegter Faktoren wird die aktuelle Situation des Unternehmens i.b.s. hinsichtlich seiner Führungskultur bzw. -richtlinien feststellt, aus der die strategischen Zielsetzungen abgeleitet werden. Hier geht es um die Frage, inwiefern sich das Unternehmen verändern will. Zur Erarbeitung eines passenden Konzeptes und der Festlegung der zu befragenden Inhalte gehört die Auswahl eines geeigneten Verfahrens und adäquater Instrumente. Des Weiteren sind Entscheidungen hinsichtlich personeller, zeitlicher und finanzieller Aspekte zu treffen. „Wer beurteilt wen zu welchen Teilaspekten?" Findet die Befragung anonym mittels Fragebögen statt oder offen in Workshops? Wie soll die Auswertung und die Übermittlung der Ergebnisse abgewickelt werden. Anhand welcher Kriterien werden Umsetzungsmaßnahmen erarbeitet? Ebenfalls gehört auch die Frage nach der Vorbereitung der Beteiligten auf diese Phase. Denn ohne ihre aktive Mitarbeit und Bereitschaft zur offenen Kritik ist die Vorgesetztenbeurteilung nicht nur erfolglos, sondern kann unvorhersehbare und weitreichende Konsequenzen auslösen und die zukünftige Zusammenarbeit von Vorgesetzten und Mitarbeitern gefährden. Aus diesem Grund hat der Betriebsrat nach § 87 BetrVG[13] ein Mitbestimmungsrecht und ist von Anfang an hinsichtlich Ablaufplanung und Erstellung der Fragebögen zu beteiligen. Abschließend sollte zudem festgelegt werden, wie der Prozess durch die Implementierung eines Prozess- und Ergebniscontrollings sichergestellt werden kann. Es sollte rollierend Zwischenziele kontrollieren und das weitere Vorgehen entsprechend anpassen und demzufolge ein Frühwarnsystem für eventuell auftretende Störungen beinhalten. (Kunstmann; Bock 2005, S. 359; Domsch; Ladwig 1995, S.°30 ff.; Bahners 2003, S. 17)

---

[11] Zur 360°-Beurteilung von Nerdinger siehe Anhang, A11, S. K.
[12] Zu dem Prozess und den einzelnen Phasen der VGB siehe Anhang A12, S. L.
[13] Zum Mitbestimmungsrecht des Betriebsrats nach § 87 BetrVG siehe Anhang A13, S. M.

2.4.2 Durchführungsphase

Zunächst werden die Führungskräfte und Mitarbeiter im Rahmen einer Informationsveranstaltung hinsichtlich der Zielsetzungen und Bedeutung der Vorgesetztenbeurteilung sowie der Vorgehensweise und des Ablaufs des Beurteilungsverfahrens aufgeklärt. Offene Fragen und Bedenken sollten besprochen werden, damit zum einen die Mitarbeiter angstfrei aussagekräftige und ehrliche Beurteilung vornehmen können und zum anderen die Führungskräfte gestärkt werden, mit den Ergebnissen konstruktiv umzugehen. Zudem können erfahrene Führungskräfte auf eventuelle Probleme hinweisen und Lösungsvorschläge einbringen. Nachdem alle Beteiligten ausreichend über das Vorhaben und die Durchführung informiert bzw. aktiv in die Gestaltung integriert wurden, geht es in der Phase der Durchführung um die eigentliche Befragung und deren Auswertung. Sinnvollerweise beginnt diese mit der in etwa zeitgleichen Verteilung der Fragebögen an die Mitarbeiter und der Selbstbeurteilungsfragebögen an die Vorgesetzten, die einen Vergleich von Selbstwahrnehmung und Fremdeinschätzung ermöglichen. Um die Anonymität der einzelnen Einschätzungen zu gewährleisten, bietet es sich an, für Versendung, Auswertung der Beurteilungsbögen und Übergabe der ermittelten Ergebnisse an die Führungskräfte externe Dienstleister hinzuzuziehen, die auch für weitere Fragen als Ansprechpartner zur Verfügung stehen. Im Rahmen offener Feedbackrunden empfiehlt es sich ebenfalls, den Beteiligten moderierende Berater an die Seite zu stellen. Die Gegenüberstellung der Ergebnisse aus der Selbst- und Fremdeinschätzung bietet eine gute Grundlage für einen konstruktiven Kritikaustausch im anschließenden Feedbackgespräch zwischen Vorgesetzten und Mitarbeiter. (De Micheli 2006, S. 109; Kunstmann; Bock 2005, S. 362 f.; Domsch; Ladwig 1995, S. 30 ff.; Bahners 2003, S. 17)

2.4.3 Umsetzungsphase

Zu einem festgelegten Zeitpunkt diskutiert die beurteilte Führungskraft seine Ergebnisse mit seinem direkten Vorgesetzten und bespricht das weitere Vorgehen hinsichtlich der Planung entsprechender Maßnahmen. Im darauffolgenden Schritt werden die Ergebnisse im Feedbackgespräch zwischen Vorgesetztem und Mitarbeitern analysiert und beurteilt (Analyse-Rückkopplung-Verbesserung) sowie die konkrete Umsetzung der veranlassten Maßnahmen beleuchtet. Dieses Kritikgespräch sollte strukturiert und ungestört verlaufen, auf gegenseitigem Respekt basieren und durch eine offene Gesprächsatmosphäre geprägt sein. Hier werden Themen zur Verbesserung des Führungsverhaltens und der Zusammenarbeit zwischen Vorgesetztem und Mitarbeitern besprochen. Sinnvoll ist ebenfalls die Erstellung eines Verbesserungskatalogs für nachfolgende Beurteilungen, in denen die Beteiligten ihre gemachten Erfahrungen einfließen lassen und ggf. Prioritäten setzen und individuellere Merkmale hinsichtlich des Führungsverhaltens definieren. (De Micheli 2006, S. 110 f.; Domsch; Ladwig 1995, S. 30 ff.; Bahners 2003, S. 17; Kunstmann; Bock 2005, S. 363 ff.).

2.5 Mögliche Nachteile

Die Vorgesetztenbeurteilung wird verstärkt eingesetzt, jedoch ist sie noch nicht in allen Organisationen integriert. Bei ihrer Einführung ist mit kurzzeitigen Spannungen innerhalb des Unternehmens und mit Widerständen seitens der Beteiligten zu rechnen.

2.5.1 Widerstand durch Vorgesetzte

Der stärkste Widerstand ist bei den Vorgesetzten selbst zu finden. Ihre ablehnende Haltung kann sich einerseits in ihrem Wissen um ihre mangelnde Führungsqualität begründen. Vielfach liegt ihre Angst darin, sich mit dem Veränderungsbedarf auseinandersetzen und ihr Verhalten verbessern zu müssen. Andererseits halten einige Führungskräfte ihre Mitarbeiter aufgrund fehlender Kenntnisse für unfähig, diese realistisch einschätzen zu können. Des Weiteren befürchten sie neben einem möglichen Autoritätsverlust durch die Beurteilung, ein weiteres Abhängigkeitsverhältnis zu den Mitarbeitern. Darüber hinaus wird argumentiert, dass das Einflusspotenzial seitens der Mitarbeiter missbraucht wird und Beurteilungsergebnisse unter Umständen an Dritte weitergeleitet werden können. Diesbezüglich besteht ihre Sorge in möglichen negativen Personalentscheidungen. Diese Bedenken demotivieren und verunsichern Vorgesetzte besonders dann, wenn sie bereits schlechte Erfahrungen mit Beurteilungssystemen, wie z.B. Assessment-Center, gesammelt haben. Infolgedessen bezweifeln Vorgesetzte den Nutzen hinsichtlich einer Weiterentwicklung und damit Verbesserung ihres Führungsverhaltens und fokussieren die eventuell auftretenden negativen Sachverhalte. (Mentzel et al. 2010, S. 157 u. 191; Hermann; Pifko 2009, S. 157; Frese 2002, 23 f; Thönneßen 1999, S.°103; Voltz 1998, 52 ff.; Reinecke 1983, S. 1, S. 106 f.; Ebner; Krell 1991; S. 26)

Als mögliche Konsequenz entwickeln Führungskräfte schon vor der Beurteilung Gegenstrategien wie:

- Be-/Verhinderung der Befragung durch verschleppte oder verzerrte Vorinformation, durch Anzweifeln der Anonymität oder der ganzen Aktion, am liebsten unter Berufung auf höhere Instanzen (Vorgesetzte oder Experten).

- Manipulation des Antwortverhaltens bzw. der Ergebnisse, indem Vorinformationen mit entsprechenden Botschaften gepaart werden, wobei sowohl Ausüben von Druck als auch Einschmeicheln praktiziert werden können. (Jöns 1998a, S. 35)

Nach der Beurteilung können sich folgende Strategien seitens der Vorgesetzten abzeichnen:

- Teilnahmeverweigerung – das Feedbackgespräch findet nicht statt. Ziel der Vorgesetzten ist hier, die gewonnenen Informationen gegen die Mitarbeiter auszunutzen.

- Suche nach Schuldigen und Helfern. Vorgesetzte können besonders in Einzelgesprächen die Mitarbeiter unwissentlich gegeneinander ausspielen. (Jöns 1998a, S. 35)

Im Falle der Weitergabe der Beurteilungsergebnisse an die direkten Vorgesetzten und die Personalabteilung sind weitere Strategien zu erwarten:

- Ergebnisse in Frage stellen – Argument: fehlende Urteilskompetenz der Mitarbeiter

- Eigene Verantwortlichkeit verneinen und auf andere Umstände Probleme verweisen

- Druck an den direkten Vorgesetzten weitergeben, bzw. sich mit ihm verbünden

- Positive Beurteilungen werden im Vergleich zu Kollegen ausdrücklich verkündet und somit für die eigene Karriere genutzt. (Jöns 1998a, S. 35 f.)

2.5.2 Widerstand der Mitarbeiter

Die Befürchtung seitens der Mitarbeiter bezieht sich häufig auf die Nichteinhaltung zugesicherter Diskretion und denkbaren Konsequenzen, wie z.B. im extremen Fall Mobbing oder Kündigung, im Falle einer negativen Beurteilung. Die Angst, beim Vorgesetzten, durch kritische Meinungsäußerungen negative Konsequenzen hervorzurufen, statt auf Einsicht und positive Entwicklung zu hoffen, ist nicht von der Hand zu weisen. Der Mitarbeiter sieht sich im Falle eines autoritären Vorgesetzten in der Notlage, aus Furcht eine geschönte Beurteilung auszustellen, mit der Folge, diesen Führungsstil zu legitimieren. Als weitere Gegenargumente werden sowohl die eigene kognitive sowie die zeitliche Überlastung genannt, als auch die Notwendigkeit dieser Maßnahme in Frage gestellt oder diese darüber hinaus als illegitim erachtet. (Mentzel et al. 2010, S. 191; Hermann; Pifko 2009, S. 157; Frese 2002, S. 23 f.; Voltz 1998, S. 52 ff.; Reinecke 1983, S. 1, S. 108; Ebner; Krell 1991; S. 26 f.)

2.5.3 Widerstand der Personalabteilung / des Topmanagements

Seitens der Personalabteilung und des Topmanagements wird häufig argumentiert, dass es aufgrund der bereits offenen Kommunikationskultur im Unternehmen keiner Vorgesetztenbeurteilung bedürfe bzw. diese den Prinzipien des Unternehmens widerspräche. Ferner wird neben zeitlichen Aspekten auf die beträchtlichen Kosten, dem enormen personellen Einsatz und organisatorischen Aufwand verwiesen. (Frese 2002, S. 23 f.; Voltz 1998, S. 53 f.)

2.6 Grundsätze und Voraussetzungen

Ein günstiges Betriebsklima durch einen partizipativ geprägten Führungsstil ist Grundvoraussetzung für eine optimale Beurteilung. Insofern ist vor Beginn zu prüfen, ob der Einsatz entsprechender personalpolitischer Instrumente mit der gelebten Führungsphilosophie des Unternehmens zu vereinbaren ist. Maßgebend für das Vorgehen ist somit das Leitbild von Führung und Zusammenarbeit. Von weiterer Bedeutsamkeit sind einerseits die Unterstützung des Vorhabens durch das Topmanagement und andererseits die Akzeptanz und freiwillige Mitwirkungsbereitschaft seitens der Vorgesetzten, der Mitarbeiter und der Interessenvertretungen. Dazu bedarf es frühzeitiger und umfassender Information und Einbindung aller Beteiligten bei der (Weiter-) Entwicklung des Führungsleitbildes und des Beurteilungsinstruments. Hierzu gehören insbesondere verständliche Auskünfte über:

- Beurteilungszweck und Relevanz
- Verifizierbarkeit der Aussagen aus den Beurteilungen
- Einflussmöglichkeit auf das Verhalten bzw. Verhaltensänderung der Vorgesetzten durch die Mitarbeiter
- Einordnung durch bestimmte Beurteilungsmaßstäbe

Des Weiteren sind die Beteiligten angehalten, respektvoll mit den Aussagen umzugehen und die persönliche Integrität nicht zu verletzen sowie die Einschätzung nicht als endgültiges Urteil zu verstehen, sondern diese als Ausgangspunkt von Entwicklungsprozessen zu betrachten. Vorgesetzte und Mitarbeiter sollten sich über ihre Verantwortung für ihr interpersonales Verhalten bewusst sein. Seitens der Beteiligten werden besonders bei der Einführung der Vorgesetztenbeurteilung die Anonymität der Mitarbeiter und die Vertraulichkeit der Ergebnisse für die Führungskräfte als essenziell erachtet. Die Anonymität kann bei fortschreitender Entwicklung der Führung und Zusammenarbeit aufgelockert werden. Wenn gegenseitig Kritik offen und angstfrei geübt und gemeinsame Ziele erarbeitet und konstruktiv umgesetzt werden, ist das wichtigste Ziel der Vorgesetzten-beurteilung hinsichtlich der Zusammenarbeit von Vorgesetzten und Mitarbeitern erreicht. (Mentzel et al. 2010, 198; Reinecke 1983; S. 56 ff.; Jöns 1995; S. 40; Edwards; Ewen 2000, S. 46 u. 90 f.; Domsch; Ladwig 1995, S.°27 ff.)

Wirtschaftlich gesehen bedarf das aufwendige Beurteilungsverfahren finanzielle und personelle Ressourcen sowie ein spezifisches Fachwissen, um Komplikationen hinsichtlich Konzeption, Durchführung und Messung vorbeugen zu können. Auf die zu erfüllenden methodischen Anforderungen[14] für eine erfolgreiche und reibungslose Durchführung wird im Rahmen dieser Arbeit nicht eingegangen. Falls Bedarf an diesbezüglichem Fachwissen besteht, kann das Unternehmen externe Berater hinzuziehen, die den Prozess begleiten oder ggf. den gesamten Prozess durchführen. (Voltz 1998; S. 48 ff., Edwards; Ewen 2000; S. 90., Reinecke 1983, S.°232.)

---

[14] Zu den methodischen Anforderungen siehe u.a. Jöns 1995, S. 41 u. Domsch; Ladwig 1995, S. 27 ff.

3. Kritik und Ausblick

Unternehmen setzen zunehmend Vorgesetztenbeurteilungen zur Verbesserung der Zusammenarbeit ein. Ihre Ergebnisse werden mit denen der Selbsteinschätzung der Vorgesetzten verglichen. Die Befragung der Mitarbeiter kann schriftlich und/oder mündlich durchgeführt werden. Hier gibt es zahlreiche unterschiedliche Modelle, aus denen je nach Zielsetzung und nach Erfahrungsstand der Beteiligten bzw. Reifegrad des Unternehmens das passende gewählt wird. Im Allgemeinen hat die schriftliche Form, die als Basis für einen anschließenden Dialog dient, den Vorteil, dass sie standardisiert, anonym durchgeführt und von externen Experten ausgewertet werden kann. Der Vorgesetzte erhält zusammengefasste Aussagen und verdichtete Ergebnisse, die somit nicht auf die Einzelperson zuzuordnen ist und folglich den Wahrheitsgehalt der Antworten seitens der Mitarbeiter besonders in der Einführungsphase fördert. Die Anonymität kann mit zunehmendem Vertrauen aufgehoben werden. Hingegen können mündliche Befragungen umfassendere Antworten liefern und zur Klärung offener Belange durch gezieltes Nachfragen verhelfen. Auch hier stehen verschiedene Varianten vom standardisierten oder teilstrukturierten Interview bis hin zu offenen Workshops mit allen Beteiligten zur Verfügung. Moderatoren liefern an dieser Stelle einen zielführenden Beitrag, indem sie Ängste vor negativen Konsequenzen abbauen und möglichen Konflikten entgegen wirken können. Somit kann die unterschiedliche Wahrnehmung der Zusammenarbeit offen kommuniziert und durch Aufklärung und Behebung von Missverständnissen und Differenzen ein besseres gegenseitiges Verständnis gefördert werden. Des Weiteren unterstützen sie die Beteiligten im Dialog über Verbesserungsansätze. Abgesehen von der Wahl des Modells ist die Plausibilität der Messung wichtig. Daher ist die gewählte Variante individuell auf die Ziele des Unternehmens hinsichtlich der Erhebungswünsche anzupassen. (Regnet 2007, S. 100 ff.; Knebel 1999, S. 209)

Trotz des hohen organisatorischen, personellen und finanziellen Aufwandes lohnt sich die Durchführung der Vorgesetztenbeurteilung, wenn die Beurteilung methodisch fachgerecht ausgeführt und die Beteiligten frühzeitig und umfassend auf die Maßnahme vorbereitet und in die Planung eingebunden werden. Nach Meinung der Autorin stellt eine intakte Kommunikation sowie gegenseitiges Vertrauen die grundlegende Voraussetzung für einen erfolgreichen Verlauf der Vorgesetztenbeurteilung dar. Die Mitarbeiter sollten sich darauf verlassen können, dass der Vorgesetzte die Kritik annehmen und konstruktiv umsetzen kann und somit objektive Entscheidungen trifft. Jedoch wird genau an der Stelle, an der die Beurteilung am nötigsten ist, d.h. wo das Beziehungsfeld zwischen Vorgesetztem und Mitarbeiter problematisch ist, schwierig. Denn zum einen können Widerstände seitens des Vorgesetzten auftreten; in der Form, dass er sich wegen eigener Vorbehalte nicht freiwillig beurteilen lässt und die Mitarbeiter daraufhin persönliche negative Folgen erwarten und insgesamt eine Verschlechterung des Arbeitsverhältnisses befürchten. Aber gerade hier besteht der größte Veränderungsbedarf. Daher sind eine gemeinsame Vorbereitung aller Beteiligten und die Unterstützung vom Topmanagement und den Interessenvertretern, wie dem Betriebsrat ausschlaggebend für einen erfolgreichen Einsatz dieser Maßnahme. Je selbstkritischer die Führungskräfte sind, desto verlässlicher die Feedbacks, die sie von ihren Mitarbeitern erhalten. Folglich entwickelt sich ein effektiver Dialog, der grundlegend für eine konstruktive Zusammenarbeit ist. Der Weg zu einer partizipativen Führung und Zusammenarbeit ist geebnet und die gewünschte Leistungssteigerung stellt sich ein. (Knebel 1999, S. 209; Selbach; Pullig 1992, S.°98)

Quellenverzeichnis

Literatur

Bahners, Christian (2003): Vorgesetztenbeurteilung mittels 360° – Feedback. München/Mering 2003

Bahners, Christian (2005): Vorgesetztenbeurteilung mittels 360°-Feedback. München 2005

De Micheli, Marco (2006): Nachhaltige und wirksame Mitarbeitermotivation. Zürich 2006

Domsch, Michel (1992): Vorgesetztenbeurteilung. In: **Selbach, Ralf und Pullig, Karl-Klaus (Hrsg.) (1992):** Handbuch Mitarbeiterbeurteilung. Wiesbaden 1992. (S. 255-298)

Domsch, Michel E.; Ladwig, Desiree H. (1995): Zielbildungs- und Konzeptionsphase. In: **Hofmann, Karsten; Köhler, Friedhelm; Steinhoff, Viktoria (Hrsg.):** Vorgesetztenbeurteilung in der Praxis – Konzepte, Analysen, Erfahrungen. Weinheim 1995. (S. 23-35)

Domsch, Michel E. / Schneble, A. (1992): Mitarbeiterbefragungen. Heidelberg 1992

Ebner, Hermann G. / Krell, Gertraude (1991): Vorgesetztenbeurteilung. Oldenburg 1991

Edwards, Mark R. / Ewen, Ann J. (2000): 360°-Beurteilung: Klareres Feedback, höhere Motivation und mehr Erfolg für alle Mitarbeiter. München 2000

Fecher, Gabi (1995): Vorgesetztenbeurteilung in Deutschland - Eine Bestandsaufnahme. In: **Hofmann, Karsten; Köhler, Friedhelm; Steinhoff, Viktoria (Hrsg.):** Vorgesetztenbeurteilung in der Praxis – Konzepte, Analysen, Erfahrungen. Weinheim 1995. (S. 15-19)

Fittkau-Garthe, Heide; Fittkau, Bernd (1971): Fragebogen zur Vorgesetzten-Verhaltens-Beschreibung (FVVB). Göttingen 1971

Hermann, Marc A.; Pifko, Clarisse (2009): Theorie und zahlreiche Beispiele aus der Praxis. Zürich 2009

Jöns, Ingela (1995): Entwicklung der Beurteilungsinstrumente. In: **Hofmann, Karsten / Köhler, Friedhelm / Steinhoff, Viktoria (Hrsg.):** Vorgesetztenbeurteilung in der Praxis – Konzepte, Analysen, Erfahrungen. Weinheim 1995. (S. 37-55)

Jöns, Ingela (1998): Vorgesetztenbeurteilung in: **Heinrich, Peter / Schultz zur Wiesch, Jochen (Hrsg.):** Wörterbuch der Mikropolitik. Opladen 1998. (S. 287-290)

Kall, Sabine (2000): Dialog über Vorgesetztenbeurteilungen - Feedback für Führungskräfte in Zielverein-barungsgesprächen. In: **Jetter, Frank; Skrotzki, Rainer (Hrsg.):** Handbuch Zielvereinbarungsgespräche: Konzeption, Durchführung, Gestaltungsmöglichkeiten; mit Praxisbeispielen und Handlungsanleitungen. Stuttgart 2000. (S. 171-179)

Klimecki, Rüdiger G.; Gmür, Markus (2005): Personalmanagement. Stuttgart 2005

Knebel, Heinz (1999): Taschenbuch für Personalbeurteilung – Mit Beurteilungsbogen aus der Praxis. Heidelberg 1999.

Krismer, Roland (2006): Die 600 wichtigsten Fragen und Antworten zum Personalmanagement. Zürich 2006

Kunstmann, Heike M.; Bock, Manfred (2005): Management Feedback im Knorr-Bremse Konzern. In: **Jöns, Ingela; Bungard, Walter (2005):** Feedbackinstrumente in Unternehmen. Grundlagen, Gestaltungshinweise, Erfahrungsberichte. Wiesbaden 2005. (S. 355-368)

Jung, Hans: Allgemeine Betriebswirtschaftslehre, Oldenburg 2006

Ladwig, Désirée H.; Domsch, Michel E. (2003): Vorgesetztenbeurteilung. In: **Rosenstiel, Lutz von; Regnet, Erika (2003):** Führung von Mitarbeitern. Stuttgart 2003. (S. 501-512)

May, Sibylle; Kullmann, Jennifer (2009): Praxishandbuch Chefentlastung: Erfolgreiche Kommunikation, Emotionale Intelligenz und Motivation im Office. Wiesbaden 2009

Mentzel, Wolfgang; Grotzfeld, Svenja; Haub, Christine (2010): Mitarbeitergespräche. Freiburg 2010

Müller, Karsten; Bungard, Walter; Jöns, Ingela (2007): Mitarbeiterbefragung – Begriff, Funktion, Form. In: **Bungard, Walter, Müller, Karsten; Niethammer, Cathrin (2007):** Mitarbeiterbefragung – was dann …? MAB und Folgeprozesse erfolgreich gestalten. Heidelberg 2007

Neuberger, Oswald (1995): Führen und geführt werden. Stuttgart 1995

Neuberger, Oswald (2000): Das 360 Grad-Feedback. Alle fragen? Alles sehen? Alles sagen? München/Mering 2000

Nerdinger, Friedemann, W. (2001): Formen der Beurteilung in Unternehmen – Anforderungen, Verfahren, Anwendungen. Weinheim/Basel 2001

Nerdinger, Friedemann, W. (2005): Vorgesetztenbeurteilung. In: **Jöns, Ingela; Bungard, Walter (2005):** Feedbackinstrumente im Unternehmen. Grundlagen, Gestaltungshinweise, Erfahrungsberichte. Weinheim 2005. (S. 100-112)

Reinecke, Peter (1983): Vorgesetztenbeurteilung - Ein Instrument partizipativer Führung und Organisationsentwicklung. Köln/Berlin/Bonn/München 1983

Regnet, Erika (2007): Konflikt und Kooperation. Konflikthandhabung in Führungs- und Teamsituationen. In: **Schuler, Heinz; Hossiep, Rüdiger; Kleinmann, Martin; Sarges, Werner (2007):** Praxis der Personalpsychologie. Göttingen 2007 Bd. 14. (117 Seiten)

Steinhoff, Viktoria (1995): Vorgesetztenbeurteilung: Grundlagen – Philosophie – Anwendung. In: **Hofmann, Karsten / Köhler, Friedhelm / Steinhoff, Viktoria (Hrsg.):** Vorgesetztenbeurteilung in der Praxis – Konzepte, Analysen, Erfahrungen. Weinheim 1995. (S. 7-14)

Voltz, Tom (1998): Mut zur Kritik – Vorgesetztenbeurteilung einsetzen und durchführen. Zürich 1998

Weider, Petra C. (1995): Das 360° Feedback in einem europäischen Versicherungsunternehmen. In: **Hofmann, Karsten; Köhler, Friedhelm; Steinhoff, Viktoria (Hrsg.):** Vorgesetztenbeurteilung in der Praxis – Konzepte, Analysen, Erfahrungen; Weinheim 1995. (S. 159-166)

Fachzeitschriften

Frese, Georg (2002): Positive Wirkung durch das Vorgesetzten-Feedback. Wesentliches Instrument der Personalentwicklung in Verwaltungen. In: Innovative Verwaltung, Jg. 2002, Heft 12. (S. 21-24)

Jöns, Ingela (1998a): Vorgesetztenbeurteilung. In: Mannheimer Beiträge Jg. 1998, Heft 2. (S. 33-36)

Thönneßen, Johannes (1999): Mitarbeiter beurteilen ihre Chefs - das Beispiel Bayer. In: Harvard Businessmanager Jg. 1999, Heft 5. (S. 99-106)

Wagner, Erwin; Hanel, Ute; Strunck, Claudia (2008): Die Vorgesetztenbeurteilung als vertrauensbildende Maßnahme. Erfahrungen aus einem Projekt im Sächsischen Staatsministerium des Innern. In: Innovative Verwaltung, Jg. 2008, Heft 9. (S. 30-33)

Internet

Domsch, Michel E.: http://private.addcom.de/Taste-of-Mystic/data/uni/bwl/organisation/verhalten/html/domsch_vorgesetztenbeurteilung.htm o.D., o.O.; Download: 2001.12.22

Juraforum: Gesetze. http://www.juraforum.de/gesetze/betrvg/87-mitbestimmungsrechte o.D., Download: 2011.01.12

Töpfer, Armin; Gabel, Britta (o.D.): Personenbezogene Vorgesetztenbewertung: Führungsverhalten mit dem M+M FZI® systematisch messen. [Pdf-Dokument] http://www.open-business-network.com/openbn/Media/3/119/11/1361696.pdf. Kassel o.D.; Download: 2011.02.28 (9 Seiten)

Voltz, Tom (2003): Vorgesetztenbeurteilung – alea jacta est! http://tomvoltz.com/Vorgesetztenbeurteilung/VGE_Aufsaetze/VorgesetztenbeurteilungZH1.htm. o.O. 22. Mai 2003, Download: 2011.01.19

Anhang

A1 Wichtige Führungseigenschaften

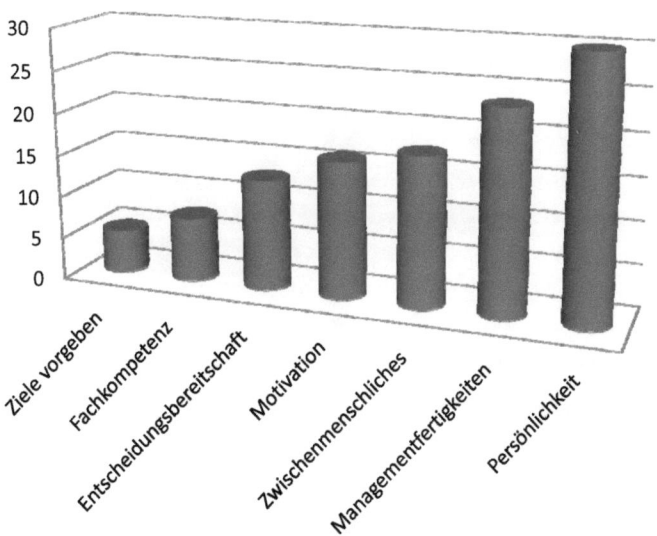

Abbildung 1   Wichtige Führungseigenschaften

Quelle: **Eigene Darstellung in Anlehnung an: Voltz, Tom (2003):** Vorgesetztenbeurteilung – alea jacta est! [html]

A2 Gründe für den Einsatz einer Vorgesetztenbeurteilung

Abbildung 2   Gründe für die Einführung der Vorgesetztenbeurteilung

Quelle: **Fecher, Gabi (1995):** Vorgesetztenbeurteilung in Deutschland - Eine Bestandsaufnahme, S.°17.

A3 Ziele und Funktionen der Vorgesetztenbeurteilung

Funktionen der Vorgesetztenbeurteilung	
Diagnosefunktion	Gewinnung von Informationen darüber, wie Mitarbeitende das Führungsverhalten der Vorgesetzten empfinden und ob Veränderungen erwünscht sind
Kontrollfunktion	Überprüfung, ob und wie stark sich das Verhalten aus Sicht der betroffenen Mitarbeitenden verändert hat
Partizipationsfunktion	Beteiligung der Mitarbeitenden an der Gestaltung der Führungsbeziehung; Umsetzung des Prinzips der partizipativen Führung
Teamentwicklungsfunktion	Förderung der Organisations- und Teamentwicklung und damit der Zusammenarbeit
Personalentwicklungsfunktion	Entwicklung von Führungseigenschaften
Motivationsfunktion	Erhöhung der Arbeitszufriedenheit und der Leistungsbereitschaft
Leistungsfunktion	Leistungssteigerungen bei Vorgesetzten und Mitarbeitenden

Tabelle 1   Ziele und Funktionen der Vorgesetztenbeurteilung

Quelle: Domsch, Michel (1992): Vorgesetztenbeurteilung, S. 257 f.

C

A4 Aufteilung der Funktionen der Vorgesetztenbeurteilung

Führungskraft	Mitarbeiter/Team	Unternehmen
Diagnosefunktion	Motivationsfunktion	Partizipationsfunktion
Entwicklungsfunktion	Leistungsfunktion	Motivationsfunktion
Kontrollfunktion	Dialogfunktion	Leistungsfunktion
Motivations-/	Partizipationsfunktion	**Personalenwicklung**
Leistungsfunktion	Steuerungsfunktion	
	Teamentwicklungsfunktion	Kontrollfunktion
		Selektionsfunktion
		Evaluationsfunktion

Tabelle 2　　Aufteilung der Funktionen der Vorgesetztenbeurteilung

Quelle:　　in Anlehnung an: **Nerdinger, Friedemann, W.** (2005): Vorgesetztenbeurteilung, S.°101 und **Steinhoff, Viktoria (1995):** Vorgesetztenbeurteilung: Grundlagen – Philosophie - Anwendung, S. 10

A5 Johari-Fenster

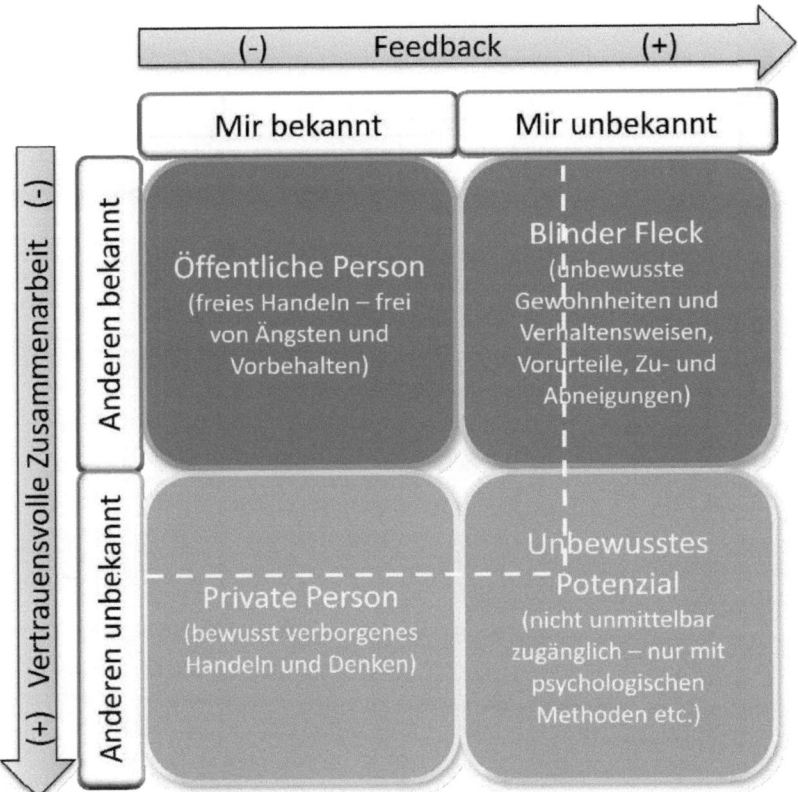

Abbildung 3   Johari-Fenster

Quelle: Eigene Darstellung in Anlehnung an: **May, Sibylle; Kullmann, Jennifer (2009):**
Praxishandbuch Chefentlastung: Erfolgreiche Kommunikation, Emotionale Intelligenz
und Motivation im Office, S. 196

A6 Beispiel eines Multiple-Choice-Fragebogens

Vorgesetztenbeurteilung - Fragebogen für MitarbeiterInnen(Fremdeinschätzung)

Einschätzung	Häufigkeit	Wichtigkeit
5 stimme voll zu	5 immer	5 sehr wichtig
4 stimme eher zu	4 oft	4 wichtig
3 stimme zu	3 gelegentlich	3 egal
2 stimme eher nicht zu	2 selten	2 eher unwichtig
1 stimme absolut nicht zu	1 nie	1 absolut unwichtig

Mein Vorgesetzter ...

Kompetenzbereiche	Einschätzung	Häufigkeit	Wichtigkeit
Delegation			
gibt klare und verständliche Anweisungen	1 2 3 4 5	1 2 3 4 5	1 2 3 4 5
bezieht mich in Entscheidungsprozesse mit ein	1 2 3 4 5	1 2 3 4 5	1 2 3 4 5
schenkt mir Vertrauen in der Erledigung meiner Aufgaben	1 2 3 4 5	1 2 3 4 5	1 2 3 4 5
lässt mir Gestaltungsfreiraum innerhalb meines Aufgabenbereiches	1 2 3 4 5	1 2 3 4 5	1 2 3 4 5
Veränderungs- und Entscheidungsbereitschaft			
ist offen für neue Ideen	1 2 3 4 5	1 2 3 4 5	1 2 3 4 5
bespricht unangenehme Themen sachlich	1 2 3 4 5	1 2 3 4 5	1 2 3 4 5
trifft angemessene und nachvollziehbare Entscheidungen	1 2 3 4 5	1 2 3 4 5	1 2 3 4 5
Information			
informiert mich frühzeitig und umfassend	1 2 3 4 5	1 2 3 4 5	1 2 3 4 5
begründet getroffene Entscheidungen	1 2 3 4 5	1 2 3 4 5	1 2 3 4 5
weist mich in neue Aufgabengebiete angemessen ein	1 2 3 4 5	1 2 3 4 5	1 2 3 4 5
nennt die jeweiligen Anforderungen	1 2 3 4 5	1 2 3 4 5	1 2 3 4 5
Zusammenarbeit			
schafft ein gutes Arbeitsklima	1 2 3 4 5	1 2 3 4 5	1 2 3 4 5
ist verlässlich	1 2 3 4 5	1 2 3 4 5	1 2 3 4 5
hält Absprachen ein	1 2 3 4 5	1 2 3 4 5	1 2 3 4 5
ist vertrauenswürdig	1 2 3 4 5	1 2 3 4 5	1 2 3 4 5
berücksichtigt meine persönlichen Bedürfnisse	1 2 3 4 5	1 2 3 4 5	1 2 3 4 5
Kommunikation, Motivation, Kontrolle			
motiviert und lobt mich	1 2 3 4 5	1 2 3 4 5	1 2 3 4 5
berät und unterstützt mich	1 2 3 4 5	1 2 3 4 5	1 2 3 4 5
bespricht mit mir Leistungsfortschritte und Zielerreichung	1 2 3 4 5	1 2 3 4 5	1 2 3 4 5
übt sachliche Kritik	1 2 3 4 5	1 2 3 4 5	1 2 3 4 5
Konfliktverhalten			
ist empfänglich für konstruktive Kritik	1 2 3 4 5	1 2 3 4 5	1 2 3 4 5
sucht stets nach Lösungen	1 2 3 4 5	1 2 3 4 5	1 2 3 4 5
setzt mich nicht unter Druck	1 2 3 4 5	1 2 3 4 5	1 2 3 4 5
Zievereinbarung, Organisation			
vereinbart mit mir gemeinsam neue Ziele	1 2 3 4 5	1 2 3 4 5	1 2 3 4 5
kennt meinen Arbeitsbereich und damit verbunden Aufgaben	1 2 3 4 5	1 2 3 4 5	1 2 3 4 5
weiß über die an mich gestellten Anforderungen bescheid	1 2 3 4 5	1 2 3 4 5	1 2 3 4 5
teilt mir seine Erwartungen an mich mit	1 2 3 4 5	1 2 3 4 5	1 2 3 4 5
Weitere Fragen:			
behandelt mich und meine Kollegen gleich	1 2 3 4 5	1 2 3 4 5	1 2 3 4 5
ist für mich ein Vorbild	1 2 3 4 5	1 2 3 4 5	1 2 3 4 5
ich bin zufrieden mit meinem Vorgesetzten	1 2 3 4 5	1 2 3 4 5	1 2 3 4 5
Eigene Bemerkungen			

Tabelle 3   **Beispiel eines Multiple-Choice-Fragebogens**

Quelle: Eigene Darstellung in Anlehnung: **Wagner, Erwin; Hanel, Ute; Strunck, Claudia (2008):** Die Vorgesetztenbeurteilung als vertrauensbildende Maßnahme. Erfahrungen aus einem Projekt im Sächsischen Staatsministerium des Innern, S. 32 f.

A7 Vergleich: Selbst- und Fremdeinschätzung

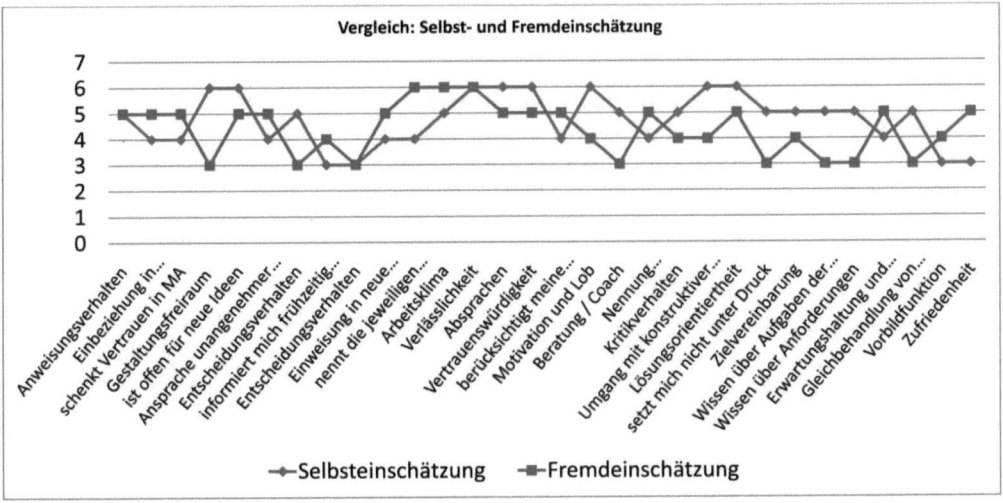

Abbildung 4   Vergleich: Selbst- und Fremdeinschätzung

Quelle: Eigene Darstellung aus den Fragen von: **Wagner, Erwin; Hanel, Ute; Strunck, Claudia (2008):** Die Vorgesetztenbeurteilung als vertrauensbildende Maßnahme. Erfahrungen aus einem Projekt im Sächsischen Staatsministerium des Innern, S. 32 f.

G

A8 Fragebogen FVVB - Testbeispiel

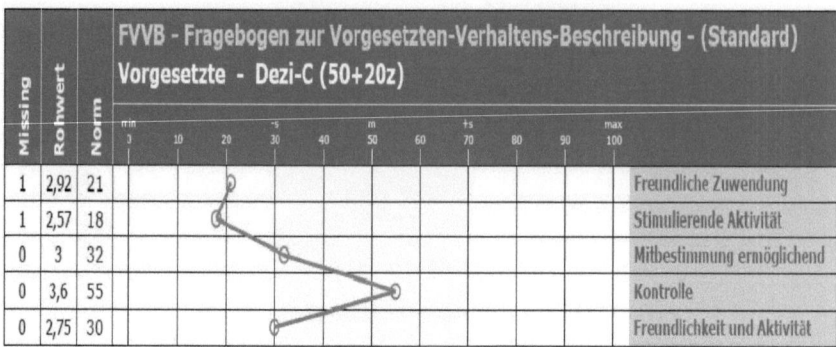

Missing	Rohwert	Norm	FVVB - Fragebogen zur Vorgesetzten-Verhaltens-Beschreibung - (Standard) Vorgesetzte - Dezi-C (50+20z)	
1	2,92	21		Freundliche Zuwendung
1	2,57	18		Stimulierende Aktivität
0	3	32		Mitbestimmung ermöglichend
0	3,6	55		Kontrolle
0	2,75	30		Freundlichkeit und Aktivität

Tabelle 4   Fragebogen FVVB - Testbeispiel

Quelle: **Fittkau-Garthe, Heide; Fittkau, Bernd (o.D.) (Download: 2011.03.09)** [html]
http://www.unifr.ch/ztd/HTS/inftest/WEB-
Informationssystem/de/4dee01/58ce3343692211d49a2200105a3df2d5/examples.htm

H

A9 Auszug aus dem FVVB-Fragebogen

1.	Er kritisiert seine unterstellten Mitarbeiter auch in Gegenwart anderer. 1. oft 2. relativ häufig 3. Hin und wieder 4. selten 5. nie	1 2 3 4 5	F
2.	Er zeigt Anerkennung, wenn einer von uns gute Arbeit leistet. 1. fast nie 2. selten 3. manchmal 4. häufig 5. fast immer	1 2 3 4 5	F/A
4.	Er weist Änderungvorschläge zurück. 1. fast immer 2. häufig 3. manchmal 4. selten 5. fast nie	1 2 3 4 5	M
9.	Er behandelt seine unterstellten Mitarbeiter als gleichberechtigte Partner 1. fast nie 2. selten 3. manchmal 4. häufig 5. fast immer	1 2 3 4 5	F
12.	Er legt Wert darauf, dass Termine eingehalten werden. 1. überhaupt nicht 2. wenig 3. zu einem gewissen Grad 4. relativ stark 5. sehr stark	1 2 3 4 5	K
19.	Er reißt durch seine unterstellten Mitarbeiter mit. 1. überhaupt nicht 2. kaum 3. etwas 4. stark 5. sehr stark	1 2 3 4 5	A
21.	Bei wichtigen Entscheidungen holt er erst die Zustimmung seiner unterst. Mitarbeiter ein. 1. fast nie 2. selten 3. manchmal 4. häufig 5. fast immer	1 2 3 4 5	M
25.	Er wartet bis seine unterstellten Mitarbeiter neue Ideen vorantreiben, bevor er es tut. 1. fast immer 2. häufig 3. manchmal 4. selten 5. fast nie	1 2 3 4 5	K
27.	Er ist am persönlichem Wohlergehen seiner unterstellten Mitarbeiter interessiert. 1. überhaupt nicht 2. wenig 3. etwas 4. relativ stark 5. sehr stark	1 2 3 4 5	F/A
30.-	Er regt seine unterstellten Mitarbeiter zur Selbstständigkeit an 1. überhaupt nicht 2. wenig 3. zu einem gewissen Grad 4. relativ stark 5. sehr stark	1 2 3 4 5	A

Tabelle 5   **Auszug aus dem FVVB-Fragebogen**

Quelle: Eigene Darstellung in Anlehnung an: **Fittkau-Garthe, Heide; Fittkau, Bernd 1971, S.°284°ff.**

(F)	Freundliche Zuwendung / Respektierung (12 Fragen)
(A)	Stimulierende Aktivität (7 Fragen)
(F/A)	Freundliche Zuwendung und Aktivität (4 Fragen)
(M)	Ermöglichung von Mitbestimmung und Beteiligung (4 Fragen)
(K)	Kontrolle versus Laissez Faire (5 Fragen)

I

A10 Radar-Diagramm

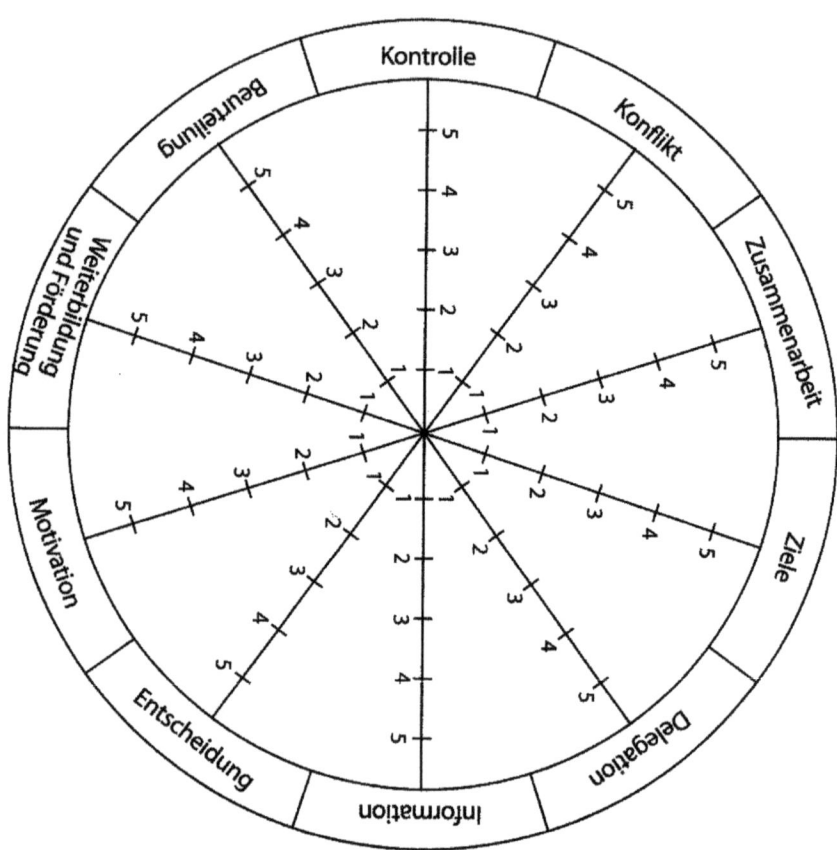

Abbildung 5 Radar-Diagramm

Quelle: **Ladwig, Désirée H.; Domsch, Michel E. (2003):** Vorgesetztenbeurteilung, S. 269.

A11   Das Modell der 360°-Beurteilung

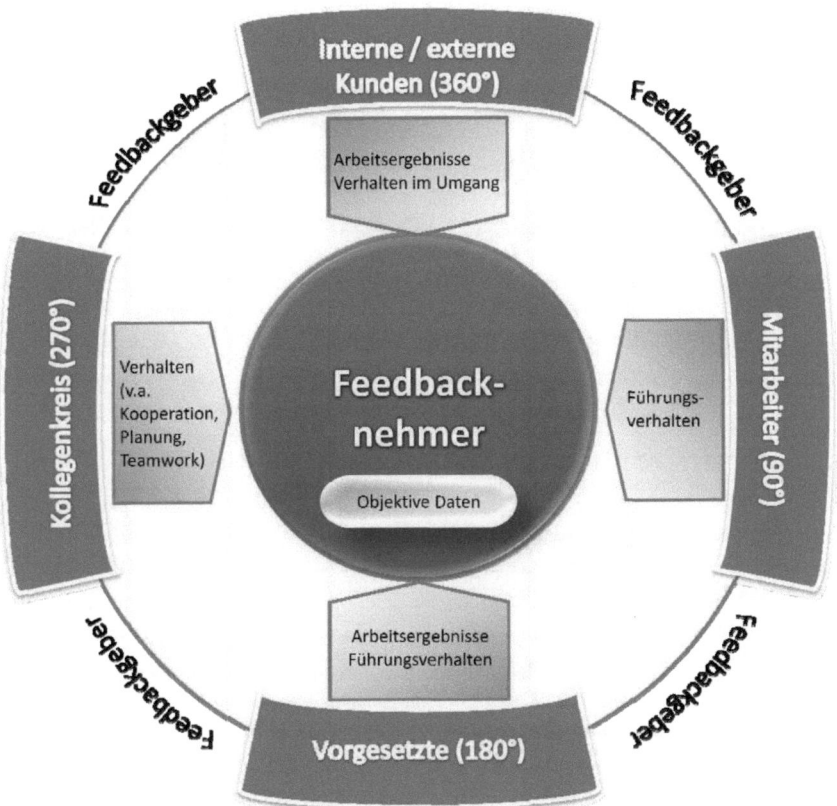

Abbildung 6   Das Modell der 360°-Beurteilung

Quelle: **Eigene Darstellung in Anlehnung an: Nerdinger, Friedemann, W. (2001):** Formen der Beurteilung in Unternehmen – Anforderungen, Verfahren, Anwendungen, S. 126

A12   Ablauf der VGB

Planung	Durchführung	Feedback	Umsetzung	Controlling
• Abstimmen der strategischen Zielsetzung der VGB • Festlegung der Befragungsinhalte • Erstellen des Fragebogens • Abstimmen des Ablaufplans • Entscheidung zum Befragungskonzept	• Information der MA und VG (Ziele, Ablauf und Nutzen) • Organisation und Versand der Unterlagen • Sicherstellen der Anonymität • Datenaufnahme, Aufbereitung und Kommentierung Interpretation der Ergebnisse	• Übergabe der Ergebnisse an die VG • Feedbackgespräch I zwischen VG und seinem direkten VG (Maßnahmenplanung) • Feedbackgespräch II Ergebnisbesprechung mit seinen MA (Analyse-Rückkopplung-Verbesserung) • Erstellung der Maßnahmenliste	• Maßnahmenplanung Abstimmung der Maßnahmen mit der Personalabteilung • Realisierung von z.B. Schulungen und Lerntransfer • Endkontrolle der einzelnen Maßnahmen	• Evaluation des Prozesses • Wiederholung der VGB

Die konsequente Einbindung aller beteiligten erhöht die Akzeptanz, die Teilnahmebereitschaft und somit den Erfolg einer Vorgesetztenbeurteilung

Abbildung 7   Ablauf der VGB

Quelle: Eigene Darstellung in Anlehnung an: **Töpfer; Gabel (o.D.)** pdf-Dokument, S. 5 und **Jöns, Ingela (2001)** pdf-Dokument, S. 5.

L

A13   Mitbestimmungsrechte des Betriebsrats

Betriebsverfassungsgesetz - Mitbestimmungsrechte des Betriebsrats - § 87 BetrVG

§ 87 BetrVG - Mitbestimmungsrechte

(1) Der Betriebsrat hat, soweit eine gesetzliche oder tarifliche Regelung nicht besteht, in folgenden Angelegenheiten mitzubestimmen:

1. Fragen der Ordnung des Betriebs und des Verhaltens der Arbeitnehmer im Betrieb;

2. Beginn und Ende der täglichen Arbeitszeit einschließlich der Pausen sowie Verteilung der Arbeitszeit auf die einzelnen Wochentage;

3. Vorübergehende Verkürzung oder Verlängerung der betriebsüblichen Arbeitszeit;

4. Zeit, Ort und Art der Auszahlung der Arbeitsentgelte;

5. Aufstellung allgemeiner Urlaubsgrundsätze und des Urlaubsplans sowie die Festsetzung der zeitlichen Lage des Urlaubs für einzelne Arbeitnehmer, wenn zwischen dem Arbeitgeber und den beteiligten Arbeitnehmern kein Einverständnis erzielt wird;

6. Einführung und Anwendung von technischen Einrichtungen, die dazu bestimmt sind, das Verhalten oder die Leistung der Arbeitnehmer zu überwachen;

7. Regelungen über die Verhütung von Arbeitsunfällen und Berufskrankheiten sowie über den Gesundheitsschutz im Rahmen der gesetzlichen Vorschriften oder der Unfallverhütungsvorschriften;

8. Form, Ausgestaltung und Verwaltung von Sozialeinrichtungen, deren Wirkungsbereich auf den Betrieb, das Unternehmen oder den Konzern beschränkt ist;

9. Zuweisung und Kündigung von Wohnräumen, die den Arbeitnehmern mit Rücksicht auf das Bestehen eines Arbeitsverhältnisses vermietet werden, sowie die allgemeine Festlegung der Nutzungsbedingungen;

10. Fragen der betrieblichen Lohngestaltung, insbesondere die Aufstellung von Entlohnungsgrundsätzen und die Einführung und Anwendung von neuen Entlohnungsmethoden sowie deren Änderung;

11. Festsetzung der Akkord- und Prämiensätze und vergleichbarer leistungsbezogener Entgelte, einschließlich der Geldfaktoren;

12. Grundsätze über das betriebliche Vorschlagswesen.

13. Grundsätze über die Durchführung von Gruppenarbeit; Gruppenarbeit im Sinne dieser Vorschrift liegt vor, wenn im Rahmen des betrieblichen Arbeitsablaufs eine Gruppe von Arbeitnehmern eine ihr übertragene Gesamtaufgabe im Wesentlichen eigenverantwortlich erledigt.

(2) Kommt eine Einigung über eine Angelegenheit nach Absatz 1 nicht zustande, so entscheidet die Einigungsstelle. Der Spruch der Einigungsstelle ersetzt die Einigung zwischen Arbeitgeber und Betriebsrat.

Quelle: Juraforum [html] http://www.juraforum.de/gesetze/betrvg/87-mitbestimmungsrechte [html]

M